2019

农历 猪年

一月

日	一	二	三	四	五	六
		1 元旦	2 廿七	3 廿八	4 廿九	5 小寒
6 腊月	7 初二	8 初三	9 初四	10 初五	11 初六	12 初七
13 初八	14 初九	15 初十	16 十一	17 十二	18 十三	19 十四
20 大寒	21 十六	22 十七	23 十八	24 十九	25 二十	26 廿一
27 廿二	28 廿三	29 廿四	30 廿五	31 廿六		

二月

日	一	二	三	四	五	六
					1 廿七	2 廿八
3 廿九	4 除夕	5 春节	6 初二	7 初三	8 初四	9 初五
10 初六	11 初七	12 初八	13 初九	14 情人节	15 十一	16 十二
17 十三	18 十四	19 元宵节	20 十六	21 十七	22 十八	23 十九
24 二十	25 廿一	26 廿二	27 廿三	28 廿四		

三月

日	一	二	三	四	五	六
31 廿五					1 廿五	2 廿六
3 廿七	4 廿八	5 廿九	6 惊蛰	7 二月	8 妇女节	9 初三
10 初四	11 初五	12 植树节	13 初七	14 初八	15 初九	16 初十
17 十一	18 十二	19 十三	20 十四	21 春分	22 十六	23 十七
24 十八	25 十九	26 二十	27 廿一	28 廿二	29 廿三	30 廿四

四月

日	一	二	三	四	五	六
	1 愚人节	2 廿七	3 廿八	4 廿九	5 清明节	6 初二
7 初三	8 初四	9 初五	10 初六	11 初七	12 初八	13 初九
14 初十	15 十一	16 十二	17 十三	18 十四	19 十五	20 谷雨
21 十七	22 十八	23 十九	24 二十	25 廿一	26 廿二	27 廿三
28 廿四	29 廿五	30 廿六				

五月

日	一	二	三	四	五	六
			1 劳动节	2 廿八	3 廿九	4 青年节
5 四月	6 立夏	7 初三	8 初四	9 初五	10 初六	11 初七
12 母亲节	13 初九	14 初十	15 十一	16 十二	17 十三	18 十四
19 十五	20 十六	21 小满	22 十八	23 十九	24 二十	25 廿一
26 廿二	27 廿三	28 廿四	29 廿五	30 廿六	31 廿七	

六月

日	一	二	三	四	五	六
30 廿八						1 儿童节
2 廿九	3 五月	4 初二	5 初三	6 芒种	7 端午节	8 初六
9 初七	10 初八	11 初九	12 初十	13 十一	14 十二	15 十三
16 父亲节	17 十五	18 十六	19 十七	20 十八	21 夏至	22 二十
23 廿一	24 廿二	25 廿三	26 廿四	27 廿五	28 廿六	29 廿七

2019

农历 猪年

七月

日	一	二	三	四	五	六
	1 建党节	2 三十	3 六月	4 初二	5 初三	6 初四
7 小暑	8 初六	9 初七	10 初八	11 初九	12 初十	13 十一
14 十二	15 十三	16 十四	17 十五	18 十六	19 十七	20 十八
21 十九	22 二十	23 大暑	24 廿二	25 廿三	26 廿四	27 廿五
28 廿六	29 廿七	30 廿八	31 廿九			

八月

日	一	二	三	四	五	六
				1 建军节	2 初二	3 初三
4 初四	5 初五	6 初六	7 七夕	8 立秋	9 初九	10 初十
11 十一	12 十二	13 十三	14 十四	15 十五	16 十六	17 十七
18 十八	19 十九	20 二十	21 廿一	22 廿二	23 处暑	24 廿四
25 廿五	26 廿六	27 廿七	28 廿八	29 廿九	30 八月	31 初二

九月

日	一	二	三	四	五	六
1 初三	2 初四	3 初五	4 初六	5 初七	6 初八	7 初九
8 白露	9 十一	10 教师节	11 十三	12 十四	13 中秋节	14 十六
15 十七	16 十八	17 十九	18 二十	19 廿一	20 廿二	21 廿三
22 廿四	23 秋分	24 廿六	25 廿七	26 廿八	27 廿九	28 三十
29 九月	30 初二					

十月

日	一	二	三	四	五	六
		1 国庆节	2 初四	3 初五	4 初六	5 初七
6 初八	7 重阳节	8 寒露	9 十一	10 十二	11 十三	12 十四
13 十五	14 十六	15 十七	16 十八	17 十九	18 二十	19 廿一
20 廿二	21 廿三	22 廿四	23 廿五	24 霜降	25 廿七	26 廿八
27 廿九	28 十月	29 初二	30 初三	31 初四		

十一月

日	一	二	三	四	五	六
					1 初五	2 初六
3 初七	4 初八	5 初九	6 初十	7 十一	8 立冬	9 十三
10 十四	11 十五	12 十六	13 十七	14 十八	15 十九	16 二十
17 廿一	18 廿二	19 廿三	20 廿四	21 廿五	22 小雪	23 廿七
24 廿八	25 廿九	26 十一月	27 初二	28 初三	29 初四	30 初五

十二月

日	一	二	三	四	五	六
1 初六	2 初七	3 初八	4 初九	5 初十	6 十一	7 大雪
8 十三	9 十四	10 十五	11 十六	12 十七	13 十八	14 十九
15 二十	16 廿一	17 廿二	18 廿三	19 廿四	20 廿五	21 廿六
22 冬至	23 廿八	24 廿九	25 圣诞节	26 十二月	27 初二	28 初三
29 初四	30 初五	31 初六				

2019
/
1月

星期日	星期一
6	7
13 今日腊八节	14
20 今日大寒	21
27	28 今日小年

星期二	星期三	星期四	星期五	星期六
日	2	3	4	5 今日小寒
	9	10	11	12
	16	17	18	19
	23	24	25	26
	30	31		

2019

2月

星期日	星期一
3	4 今日除夕
10	11
17	18
24	25

星期二	星期三	星期四	星期五	星期六
			1	2
节	6	7	8	9
	13	14 今日情人节	15	16
宵节	20	21	22	23
	27	28		

2019
3月

星期日	星期一
3	4
10	11
17	18
24	25
31	

星期二	星期三	星期四	星期五	星期六
			1	2
	6 今日惊蛰	7	8 今日妇女节	9
直树节	13	14	15	16
	20	21 今日春分	22	23
	27	28	29	30

2019

4月

星期日	星期一
	1 今日愚人节
7	8
14	15
21	22
28	29

星期二	星期三	星期四	星期五	星期六
	3	4	5 今日清明节	6
	10	11	12	13
	17	18	19	20 今日谷雨
	24	25	26	27

2019

5月

星期日	星期一
5	6 今日立夏
12 今日母亲节	13
19	20
26	27

星期二	星期三	星期四	星期五	星期六
	1 今日劳动节	2	3	4 今日青年节
	8	9	10	11
	15	16	17	18
满	22	23	24	25
	29	30	31	

2019

6月

星期日	星期一
2	3
9	10
16 今日父亲节	17
23	24
30	

星期二	星期三	星期四	星期五	星期六
				1 今日儿童节
	5	6 今日芒种	7 今日端午节	8
	12	13	14	15
	19	20	21 今日夏至	22
	26	27	28	29

2019
/
7月

星期日	星期一
	1 今日建党节
7 今日小暑	8
14	15
21	22
28	29

星期二	星期三	星期四	星期五	星期六
	3	4	5	6
	10	11	12	13
	17	18	19	20
大暑	24	25	26	27
	31			

2019
/
8月

星期日	星期一
4	5
11	12
18	19
25	26

星期二	星期三	星期四	星期五	星期六
		1 今日建军节	2	3
	7 今日七夕节	8 今日立秋	9	10
	14	15	16	17
	21	22	23 今日处暑	24
	28	29	30	31

2019
/
9月

星期日	星期一
1	2
8 今日白露	9
15	16
22	23 今日秋分
29	30

星期二	星期三	星期四	星期五	星期六
	4	5	6	7
教师节	11	12	13 今日中秋节	14
	18	19	20	21
	25	26	27	28

2019

/

10月

星期日	星期一
6	7 今日重阳节
13	14
20	21
27	28

星期二	星期三	星期四	星期五	星期六
庆节	2	3	4	5
露	9	10	11	12
	16	17	18	19
	23	24 今日霜降	25	26
	30	31		

2019
11 月

星期日	星期一
3	4
10	11
17	18
24	25

星期二	星期三	星期四	星期五	星期六
			1	2
	6	7	8 今日立冬	9
	13	14	15	16
	20	21	22 今日小雪	23
	27	28	29	30

2019

12月

星期日	星期一
1	2
8	9
15	16
22 今日冬至	23
29	30

星期二	星期三	星期四	星期五	星期六
	4	5	6	7 今日大雪
	11	12	13	14
	18	19	20	21
	25 今日圣诞节	26	27	28

春赏桃花

Spring.

波密桃花沟（扎西洛布 摄）

小贴士

林芝桃花节

林芝享有“西藏江南”美誉，自2002年以来，每年3—4月林芝都举办桃花节。林芝地区的桃花是高原桃花，很多地方的山脚处都盛开桃花，山上则是雪峰，别有风味。林芝桃花节一般是在巴宜区嘎拉村开幕，其中，波密县桃花沟绵延30公里，号称中国最长的桃花沟。

山顶长有百种草

（波密县）

山顶长有百种草，
百种草都比不上，
藏红花儿花草香。

山腰长有百种树，
百种树都比不上，
檀香神树树味香。

山下流有百种水，
百种水都比不上，
雅江藏布乳汁香。

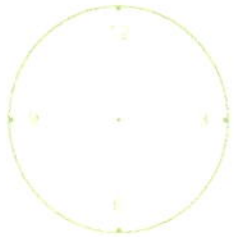

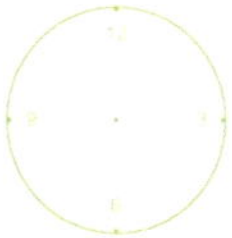

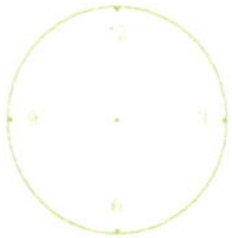

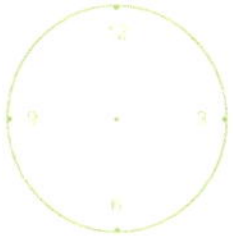

春季妇女忙于田间　（普布多吉　摄）

耕 地 歌

（波密县）

起身耕牛唱民谣：
平地翻耕剪皮条，
坡地翻耕卷肥料，
金刚加持产量高。

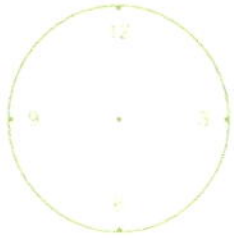
12
9
3

12
9
3
6

12
9
3
6

12
9
3
6

小贴士

糌粑

糌粑是由青稞、豌豆、藏小麦、玉米等粮食炒熟后磨成的粉，为藏族人的主食之一。糌粑营养丰富、味香耐饥、携带方便且易于保存。在藏区大部分的糌粑都是过年过节或祭祀活动时的摆供，平时吃的主要还是青稞糌粑。

远眺嘎朗王宫遗址 （普布多吉 摄）

山顶戴着白盔

（波密县）

山顶戴着白盔好，
山腰穿着白甲好，
山底挂着镶边好。
水源飘着哈达好，
水腰弯着弓之好，
水底射出箭之好。

12
9
3
6

12
9
3
6

12
9
3
6

12
9
3
6

甘露酒香

（工布江达县、米林县、巴宜区）

此盏溢香酒杯，
盛有甘露圣水；
卿若饮上三口，
脱离恶道轮回。

敬酒与饮酒　（郎吕　摄）

小贴士

青稞酒

酿造青稞酒时，要将青稞洗净，煮熟，捞出降温；拌入酒曲，装入容器里密封发酵；酿成醪糟后，装入专用制酒桶内盖上盖子，用面糊密封，用衣物、毛毯、被子等包好，放到楼底房屋的草堆内发酵。其特点是色淡黄，味甘醇而微酸，清香扑鼻。

12
9
3
6

12
9
3
6

12
9
3
6

12
9
3
6

曲宗寺主殿 （普布多吉 摄）

建寺庙

（朗县）

借问寺庙建何方?
寺庙建在坪坝上。
借问佛爷在不在?
佛爷三时在佛堂。
寺庙后面捡柴火，
寺前提水续茶香。

12
9
3
6

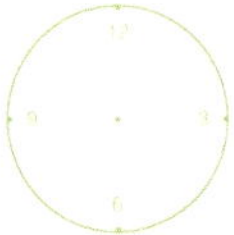
12
9
3
6

12
9
3
6

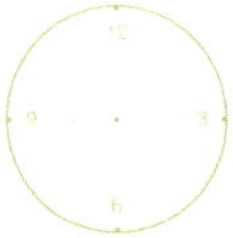
12
9
3
6

朝拜神山 （普布多吉 摄）

喇嘛谷如

（波密县）

喇嘛谷如印度僧，
请登讲坛授佛经；
门隅来的绿杜鹃，
请你唱歌妙音传；
巧舌鹦鹉来谷地，
请炫妙语与客戏。

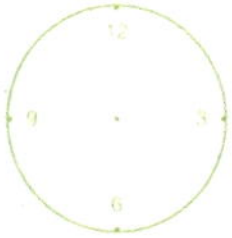
12
9
3
6

12
9
3
6

12
9
3
6

12
9
3
6

波密新建民居 （扎洛 摄）

建房歌

（波密县）

拉萨城里建寺庙，
白色海螺当柱子，
绿色玉石当房梁，
红色珊瑚当盖木，
白色藤竹当盖顶。
微微瑞雨洒满地，
抬起右脚压压泥，
镀金黄铜装屋顶。

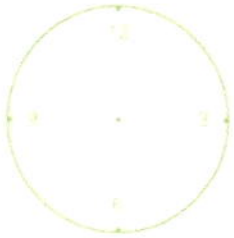

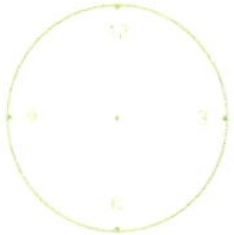

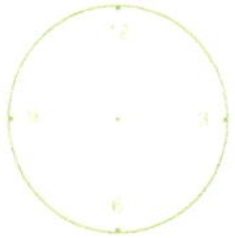

贴 票 处

贴 票 处

小贴士

春播节

在工布江达县藏语称“萨兰刚增”，即春播节或试种节的意思，是为一年春播种地、预祝来年丰收而举行的一种象征性祈福仪式。在每年正月的某一个吉祥日举行。春播节这一天，由主持人挑选出几名年轻力壮、相貌端正的青年男女，穿上节日盛装，牵牛、扶犁、施肥、撒种。春播节一般在村子最好的地里进行，人们为新的一年庄稼丰收而祈祷土地神保佑、赐福。仪式结束后，大家喝酒、唱歌跳舞，尽情欢乐。

播种仪式 （扎洛 摄）

播种

（自达让语收集）

春暖花开艳阳流，
布谷鸟儿亮歌喉。
姑娘地里穿梭忙，
希望种子播地沟。
手挎一只小竹篓，
心中歌儿唱丰收。

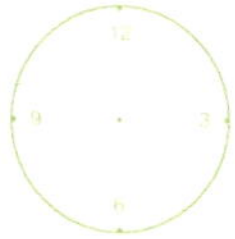

派镇风景 （普布多吉 摄）

日月星三

（波密县）

太阳地球上方明，
照暖大地不疑问。
明月岩石顶上明，
照亮黑夜不疑问。
六星六山顶上明，
丰收五谷无疑问。

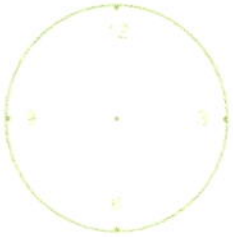

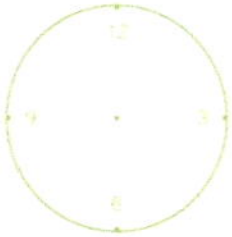

12
9
3
6

12
9
3
6

唱支悦耳歌

（工布江达县、米林县、巴宜区）

手中握有扎年，
就想拨动歌弦；
足蹬彩虹之靴，
就想舞蹈欢悦；
怀抱青稞美酒，
就想美味飘香；
到了圆圈舞场，
就想歌舞酣畅。

煨桑 （普布多吉 摄）

小贴士

煨桑

煨桑是藏族祭天地诸神的一种仪式。在藏族地区，几乎每家每户都备有桑炉（或者在院子中央，或者在屋顶依山处），每逢藏历新年、大年初一，人们起的很早，第一件事就是煨桑祭神，向来以第一个去煨桑的人为荣。后来的人只是在已经燃起的煨桑堆上加松枝、柏枝、桑面（糍粑）等物，顺便献酒洒浆，跪拜叩首。据说在煨桑的过程中产生的烟雾，不仅使凡人有舒适感，山神也会十分高兴。因而信徒们以此作为祈福的一种形式，希望神会降福于敬奉它的人们。

12
9
3
6

12
9
3
6

12
9
3
6

12
9
3
6

山顶白雪皑

（波密县）

山顶白雪飘飘，
雪中狮子骁骁。
山腰柏树摇摇，
树里杜鹃妖妖。
山脚柳树依依，
柳中小鸟吉吉。

波密嘎朗风光　（扎西洛布　摄）

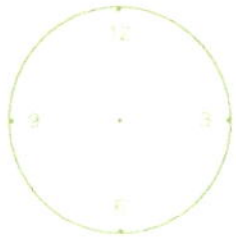
12
9
3
6

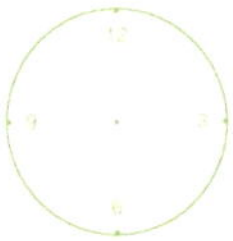
12
9
3
6

12
9
3
6

12
9
3
6

民间歌舞比赛 （扎洛 摄）

吉祥卓舞

（察隅县）

上方印度宗法卓舞扎西秀，
下方汉地律法卓舞扎西秀，
雪域神山圣地卓舞扎西秀，
故乡幸福快乐卓舞扎西秀，
幸福美满卓舞扎西秀，
长寿兴旺卓舞扎西秀，
但愿明年欢聚卓舞扎西秀。

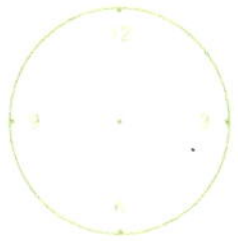
12
9
3
6

12
9
3
6

12
9
3
6

12
9
3
6

百人百马祭祀活动　（普布多吉　摄）

小贴士

百人百马节

每年藏历四月十五日，大家都穿上盔甲，手握弓，后背箭，到活动点煨桑，讲历史，进行射箭比赛和打靶表演等，最后喝酒跳舞。活动持续整整一天。由于参加活动的人和马的数量一般都要求达到一百以上，故称作百人百马节。

马儿相聚一百八

（波密县）

黄色公马骏驰，欢乐福鞍相聚。
前鞍其头金做，金克一百八十。
后鞍其头银做，银克一百八十。
马鞍所费染料，重克一百八十。
马垫所耗羊毛，毛色一百八十。
马蹬所用铁锭，铁种一百八十。
蹬绳所费丝线，丝种一百八十。
马鞭藤制工艺，上雕吉祥如意。

12
9
3
6

12
9
3
6

12
9
3
6

12
9
3
6

桃树下的藏香猪在追逐（侯俊智 摄）

小贴士

藏香猪

林芝藏族人普遍爱吃肉，且以牦牛肉、羊肉和猪肉为主。由于当地属于林区，林下资源十分丰富，有着得天独厚的养猪条件，基本在野生环境自然放养即可，无须喂多少食物。因此，林芝所产猪肉肉质鲜嫩、脂肪少、味道香，在藏区久负盛名，素有“藏香猪”之美称。林芝每年只有一次宰杀猪、牛、羊等牲畜的时间，一般在每年的藏历十一月份左右。

砍柴歌

（波密县）

眼看干柴挂云杉，
没有巧身不会砍；
身巧林中乌鸦鸟，
虽巧又无力量砍。

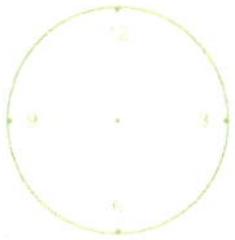

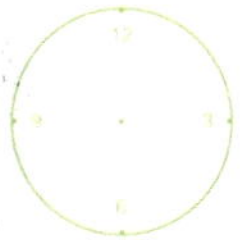

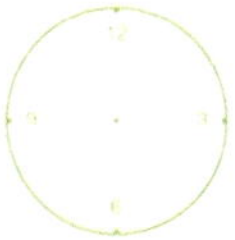

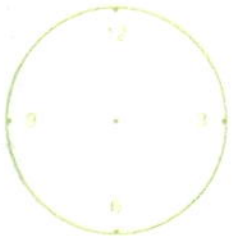

《林芝当代历史变迁》

本书以翔实的第一手资料，严谨的治史态度，第一次系统整理记录了林芝和平解放60多年来的历史变迁脉络，为研究林芝当代史提供了珍贵的参考资料。

《林芝史话》

本书是第一部全面反映林芝历史文化发展历程的图书。围绕林芝的历史发展沿革、宗教传播脉络，以及战争风云、人物春秋、传奇故事、胜迹名刹等内容，描述林芝从远古到1950年的历史经纬。

《林芝民间故事》（上、下卷）

本书收录了林芝市境内的藏族、门巴族、珞巴族和僜人群众当中广为流传、种类繁多、内容丰富的200余篇民间故事，以当前民间故事的分类法，分为神话、传说、动物故事、童话故事、生活故事和幽默故事六类，并对每个民间故事的收集地和隶属民族作了分类。

《林芝民歌精选》

本书把千百年来在林芝这片美丽而广袤土地上繁衍生息的藏族、门巴族、珞巴族等民族对美好生活的追求、对大自然的感恩与敬畏、对家庭和睦与世间和谐的企望，用民歌形式表现得淋漓尽致。

夏沐林海

Summer.

巴松措全景 （扎洛 摄）

奶湖边

（波密县）

富裕王宫奶湖边，
白色铜锅亮姿颜。
里盛牦牛鲜益奶，
外挂白铜之八环。
铜白似妹心纯洁，
奶好表我爱意坚。

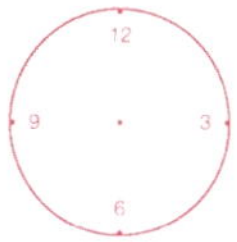
12
9
3
6

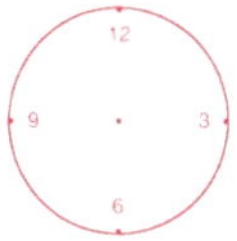
12
9
3
6

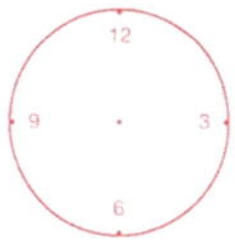
12
9
3
6

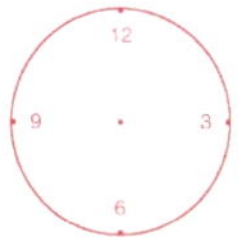
12
9
3
6

在娘布祭神仪式上
跳起传统舞蹈取悦众神
（扎西洛布　摄）

色彩耀目

（波密县）

色彩耀目灿烂辉煌，
鲜花盛开杰坝上方，
彩色经幡彩旗飘扬。

色彩耀目灿烂辉煌，
鲜花盛开杰坝中央，
花草草药诱人芳香。

色彩耀目灿烂辉煌，
鲜花盛开杰坝下方，
骏马鞍具满目琳琅。

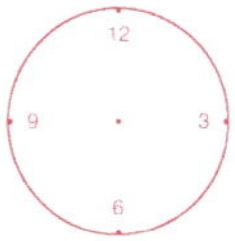
12
9
3
6

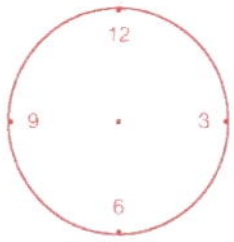
12
9
3
6

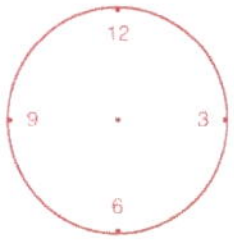
12
9
3
6

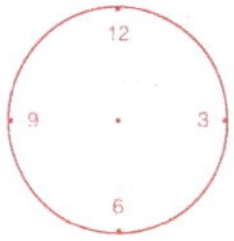
12
9
3
6

桑耶白塔

（朗县）

桑耶白色佛之塔，犹如雄鹰展翅翔；
桑耶园中绿色塔，犹如杜鹃落地康；
桑耶园中黄色塔，犹如黄鸭湖中双。

曲觉沃拉康 （曲尼多吉 摄）

小 贴 士

饮食礼仪

藏族人多人聚餐或一起用餐时，必须从长辈开始盛饭，并用双手端碗；倒酥油茶之前，先要摇一摇茶壶或热水瓶，以免茶和酥油分离。不论是何种茶，都不得倒得过满，否则有失礼节。饮茶时，客人不能把碗里的茶一下子全喝干，留下一点，以示对主人的尊敬和有礼貌。

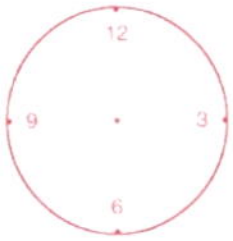
12
9
3
6

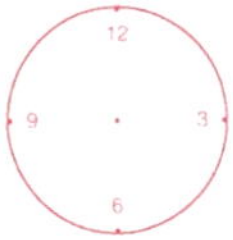
12
9
3
6

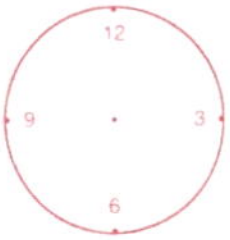
12
9
3
6

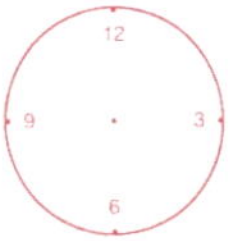
12
9
3
6

雅鲁藏布大峡谷蛇形大拐弯 （曲尼多吉 摄）

建有三宗

（工布江达县、米林县、巴宜区）

敢问雪山哪里耸？
雪山耸立沟壑中。
万山拱卫山之宗。

敢问岩山哪里红？
谷里形成岩石红。
山显血色妖之宗。

敢问湖水哪里丰？
谷尾碧湖水最丰。
百水都奉龙王宗。

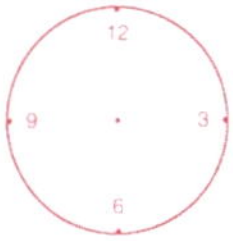
12
9
3
6

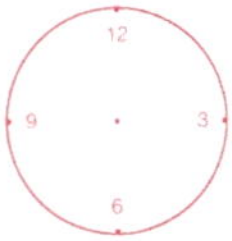
12
9
3
6

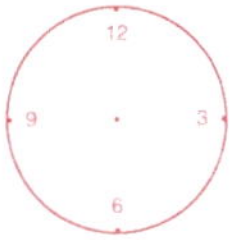
12
9
3
6

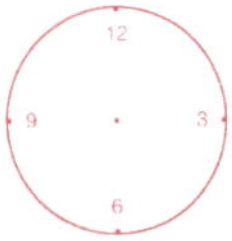
12
9
3
6

请观赏歌舞

（工布江达县、米林县、巴宜区）

吉祥山谷嘉禾布，
央日山峰白云飘。
条条山沟淌溪水，
雅鲁藏布变玉槽。

四方殊胜赏歌声，
供舞献奉上界神。
日月巡州故乡绕，
孔雀临春开羽频。

历尽圣地到拉萨，
见到圣母大菩萨。
转了他乡回故乡，
故乡才是心灵家。

夏季歌舞彩袖飞 （普布多吉 摄）

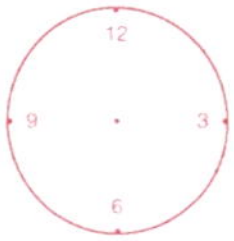
12
9
3
6

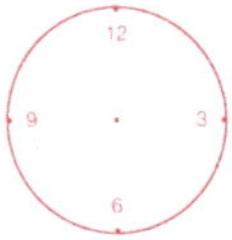
12
9
3
6

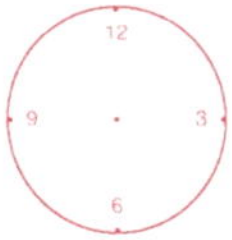
12
9
3
6

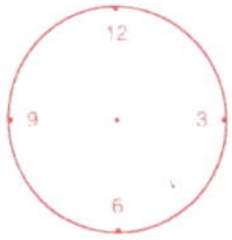
12
9
3
6

比日神山的色贡草坝 （普布多吉 摄）

牧业欢歌

（朗县）

牧场愉悦又欢畅，愉畅牧场拉果唐。
挤奶之要是快速，快速人在拉果唐。
打奶之要使力劲，拉果唐人力劲强。
酥油之活呈吉祥，牧业之活呈吉祥。

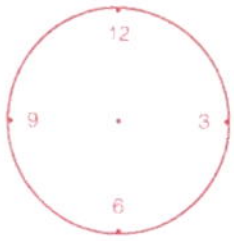
12
9
3
6

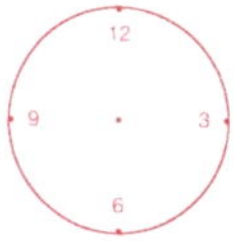
12
9
3
6

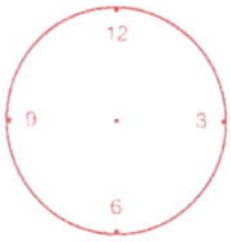
12
9
3
6

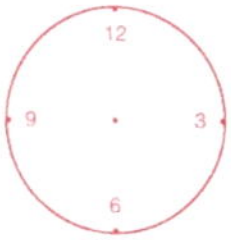
12
9
3
6

小贴士

望果节

望果节在农作物即将成熟的时节举行，是农民预祝农业丰收的节日。“望”意为田地，“果”意为转圈。从字面上讲，“望果”就是巡游田地之意。具体时间根据各地农事季节的不同而有所不同。

欢度望果节　（索朗　摄）

拉萨四大岭

（朗县）

一大岭是邓杰岭，
二大岭是次梅岭，
三大岭是贡德岭，
四大岭是次确岭。

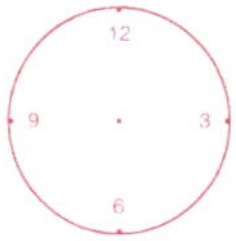
12
9
3
6

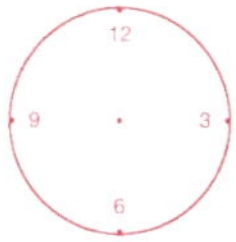
12
9
3
6

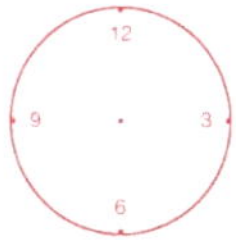
12
9
3
6

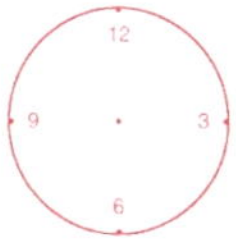
12
9
3
6

贴 票 处

贴 票 处

易贡湖　（普布多吉　摄）

后藏四条河

（朗县）

一条流域孔雀河，
二条流域狮泉河，
三条流域象泉河，
四条流域马泉河。
记得狮象马孔雀，
四种动物口水多。

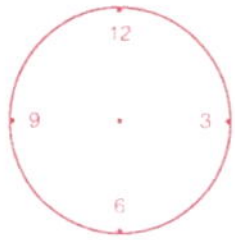
12
9
3
6

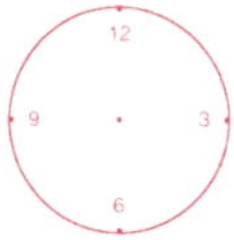
12
9
3
6

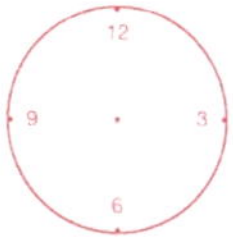
12
9
3
6

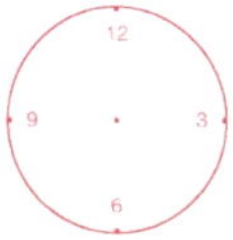
12
9
3
6

鲁朗扎西岗古村落局部 （栾远春 摄）

四大门论说

（朗县）

北极星是玉的大门，
七门星是铁的大门，
嘎玛拉琐是铜的大门，
昴宿星是白铜大门。

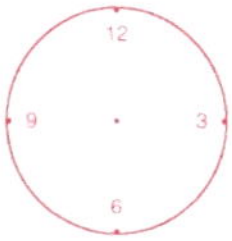
12
9
3
6

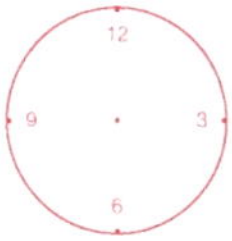
12
9
3
6

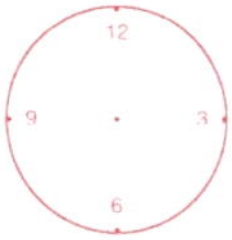
12
9
3
6

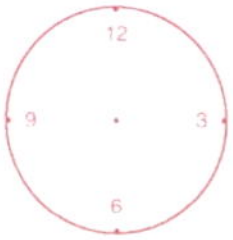
12
9
3
6

四大驿站

（朗县）

第一驿站康区康定，
第二驿站康地玉树，
第三驿站康地阿拉多，
第四驿站康地哨巴多。

康玉诺玛放牧点（普布多吉 摄）

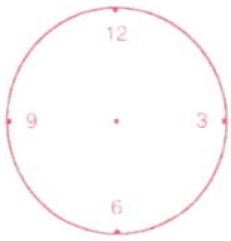
12
9
3
6

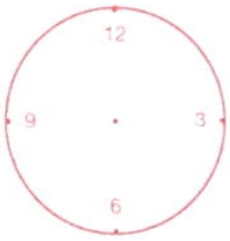
12
9
3
6

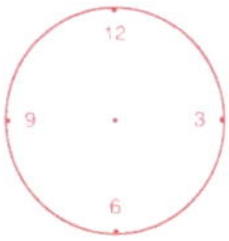
12
9
3
6

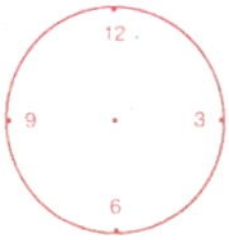
12
9
3
6

太阳公公

（波密县）

太阳公公来来，
空中云彩散散，
太阳照了暖暖，
云彩散了更暖，
我和蚂蚁忙忙，
各种游戏玩玩。

转湖的信教群众 （扎洛　摄）

小 贴 士

措高转湖节

措高湖又叫巴松湖。这里每年都举行两次规模较大的转湖节，一次是藏历一月十五日，这一天，来自此湖附近村庄的僧尼、群众身着节日盛装，汇集在一起诵经、祈祷、煨桑，取下旧经幡，竖立新的大经幡，场面十分热闹。还有一次是藏历四月十五日，这一天，来自四面八方的信徒们云集于此，以措高湖的错久村为起点，按顺时针方向沿湖岸绕湖一圈，向心中的圣湖诉说自己虔诚的愿望。

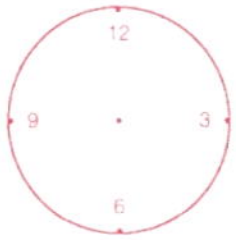
12
9
3
6

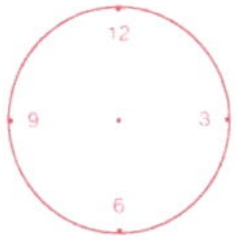
12
9
3
6

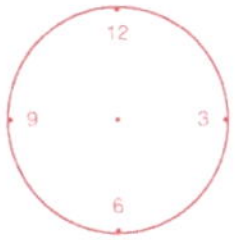
12
9
3
6

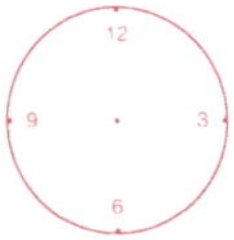
12
9
3
6

墨脱秘境莲花公园（曲尼多吉 摄）

相聚

（自格曼语收集）

各族人民聚圣地，
“贝都”跳起锣鼓急。
举杯畅饮互祝福，
未来生活更甜蜜。

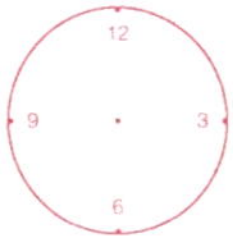
12
9
3
6

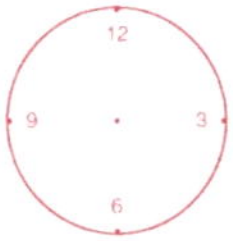
12
9
3
6

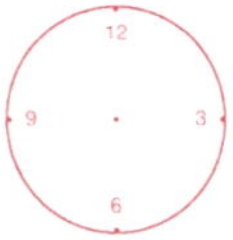
12
9
3
6

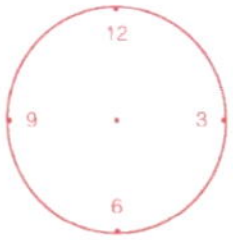
12
9
3
6

酿的酒香好

（工布江达县、米林县、巴宜区）

前山长着檀香木，
后山长着神柏树，
两种香味相互绕，
敬天供品成天柱。

大山顶上旭日升，
大海旁边见到取宝人；
别人取宝马头轮船坐，
我们取宝美酒切玛供奉神；
久逢知己千杯不醉，
舒畅人生频添豪情。

门巴族女子制作当地白酒（格桑　摄）

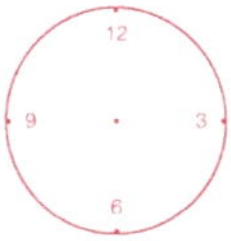
12
9
3
6

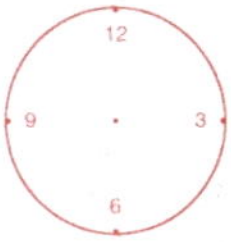
12
9
3
6

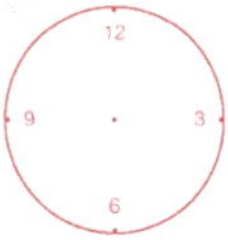
12
9
3
6

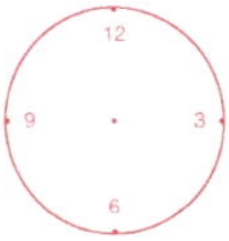
12
9
3
6

为纪念唐东杰布而载歌载舞（普布多吉　摄）

聚 会

（自达让语收集）

动听歌儿唱不完，
欢乐舞蹈跳不息，
青山妆靓佳胜地。
人间我们最幸福，
八方朋友齐相聚，
欢歌劲舞颂甜蜜。

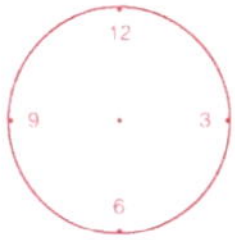
12
9
3
6

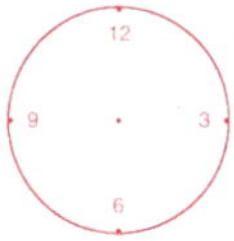
12
9
3
6

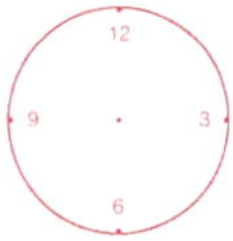
12
9
3
6

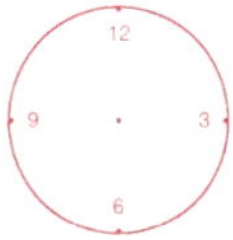
12
9
3
6

秋观红叶

Autumn.

林芝雅江秋色 （普布多吉 摄）

察隅河畔

（自达让语收集）

我的家乡察隅河畔，
碧山青青百鸟歌唱，
小河悠悠金鱼撒欢。
艳丽百鸟，小小金鱼。
我的家乡察隅河畔，
欢迎你有山歌美酒，
欢迎你有碧水蓝天。

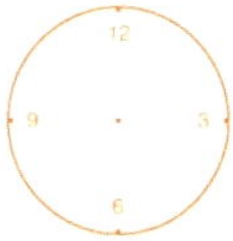
12
9
3
6

12
9
3
6

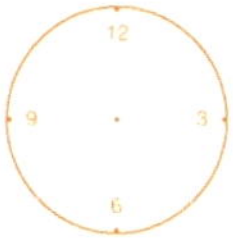
12
9
3
6

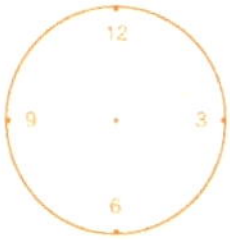
12
9
3
6

借风扬场（扎洛 摄）

丰 收 歌

（自达让语收集）

剥去麻皮做套索，
套猎猎物换牲畜。
迎娶新娘拜祖先，
生儿育女过生活。
能工巧匠技术鲜，
生产工具样样全。
双手创造新财富，
接待宾客拜祖先。

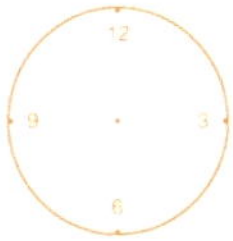
12
9
3
6

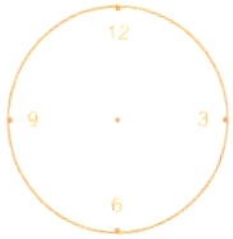
12
9
3
6

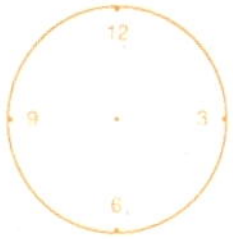
12
9
3
6

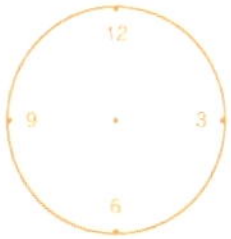
12
9
3
6

丹娘秋季风光（曲尼多吉 摄）

晴 天

（工布江达县）

晴天本是蓝色的，
照来太阳黄色辉，
天空飘来是白雪，
三事物本是三色。

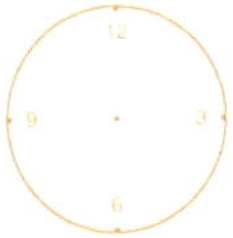
12
9
3
6

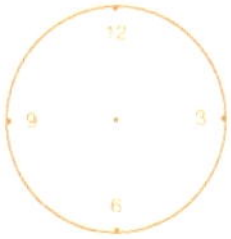
12
9
3
6

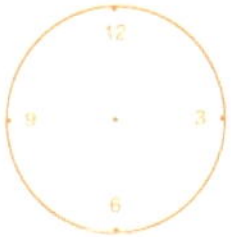
12
9
3
6

12
9
3
6

小贴士

出行禁忌

藏族人出远门要选择吉日良辰。在藏历中每月有三天是适合出门的好日子，即：初三、十九和廿七，藏族人认为这三天出行会心想事成。但初三忌与女人同行，十九不能穿新鞋，廿七不能骑牛。另外，一年中的藏历新年初四和星期天这两个日子不能出远门。

喇嘛岭寺全貌 （海茵 摄）

沟里好寺庙

（工布江达县、米林县、巴宜区）

沟里好寺庙，色拉哲蚌妙。
谷中好沃土，圣地法轮好。
不满满上好，富户仓盈高。
不益益上好，奶桶益牛宝。
不垒垒样好，黄色酥油包。
垒上不变物，小屋四方角。
不画图纹好，碧水河纹貌。
画了不变纹，拉康壁画俏。

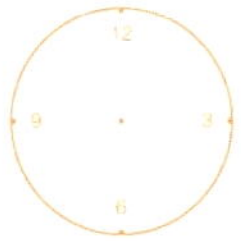
12
9
3
6

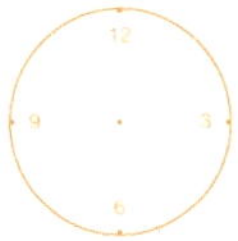
12
9
3
6

12
9
3
6

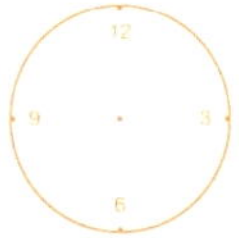
12
9
3
6

好一匹骏马

（波密县）

青红骏马装饰美；
金鞍之好闪光辉；
软垫好比如意宝，
皮鞯犹似祥云飞；
马蹬之好双聚鳌，
马尾之好丝线围；
尾结之好百结穗。
马鞭之好如意藤。

古玉赛马会　（格桑次仁　摄）

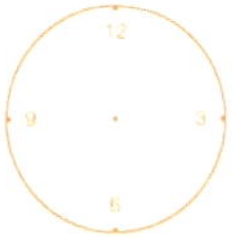
12
9
3
6

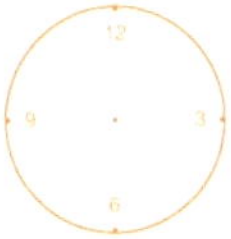
12
9
3
6

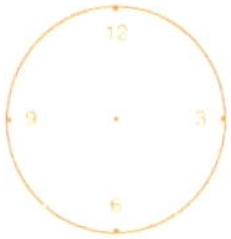
12
9
3
6

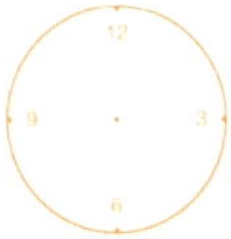
12
9
3
6

波密米堆冰川（普布多吉　摄）

巨变南伊

春风化雨生春色，甲青加！
南方开放唱新歌。甲青加！
蝴蝶蜜蜂同飞舞，甲青加！
山欢水笑共唱歌。甲青加！
五方众生幸福多。甲青加！

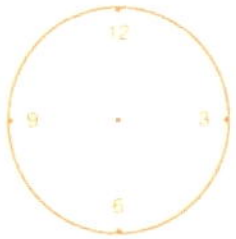
12
9
3
6

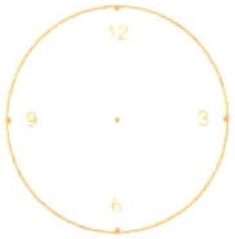
12
9
3
6

12
9
3
6

12
9
3
6

小贴士

酥油茶

酥油茶是藏族人不可或缺的高级饮品。在打酥油茶时，要将兑好开水的清茶倒入打茶桶里，或先把茶汁倒入酥油茶桶里，然后根据茶汁的浓度兑开水，并按茶水的量或个人喜好添加酥油和盐，用打茶杖反复抽（搅）动至酥油和茶完全融合。

珞巴族家庭 （普布多吉 摄）

迎客仪式歌

锣鼓声声远震，欢迎远方贵宾。
贵客到来兴奋，敬杯米酒欢迎。
亲朋好友狂欢，款待犹如乔迁。
诚祝百业兴旺，吉祥如意年年！

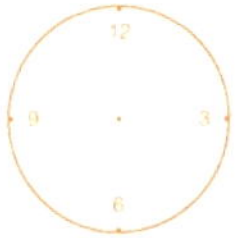
12
9
3
6

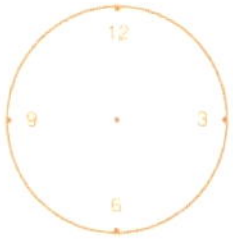
12
9
3
6

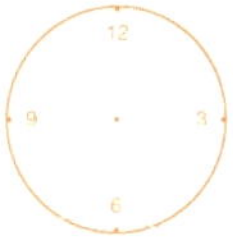
12
9
3
6

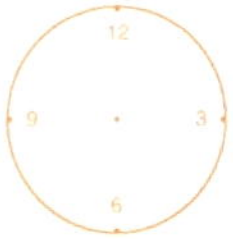
12
9
3
6

贴 票 处

贴 票 处

圣地嘎瓦隆风景（扎西洛布　摄）

美丽墨脱

（墨脱县）

美如仙界的白马岗，美如仙界的白马岗，
娇艳的花儿处处开，涌动的暗香使人醉，
幽静的山川人善美。
美如仙界的白马岗，欢乐的鸟儿欢声唱，
洋溢的欢乐满山岗，甜蜜的瓜果漫山野。
美如仙界的白马岗，灵丽的虫儿争相鸣，
奇妙的和声绕心头，内心的祝愿长又长。

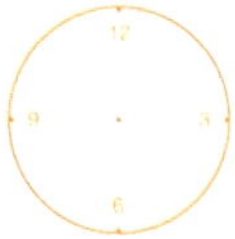
12
9
3
6

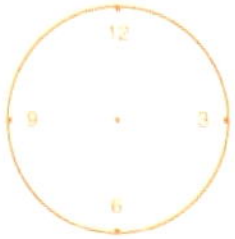
12
9
3
6

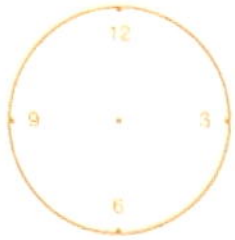
12
9
3
6

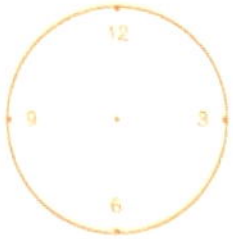
12
9
3
6

雅鲁藏布江与尼洋河交汇处风景　（格桑　摄）

三山三水

（波密县）

左山右山和中山，
右山顶树神旗杆，
左山山顶点桑烟，
中山山顶立宝殿。
雪水岩水和山泉，
神鸟饮水自雪山，
野牛饮水去山岩，
人们饮水爱山泉。

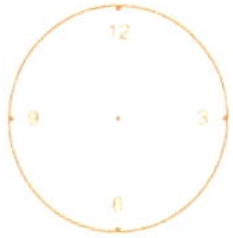
12
9
3
6

12
9
3
6

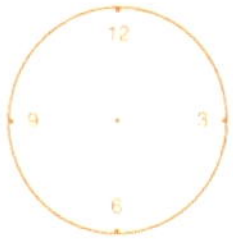
12
9
3
6

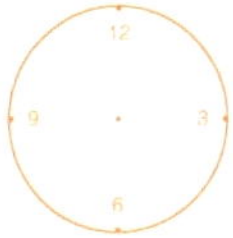
12
9
3
6

祈求丰收舞 （普布多吉 摄）

请到美丽的林芝来

（巴宜区）

扎西秀，扎西秀。
圣地的祝福飘向四方，
雪域的朋友欢聚香巴拉哟！
古老的松柏向你诉说，
火红的杜鹃为你绽放，
这里有工布欢快的响箭，
这里有僜人香甜的米酒，
这里有门巴少女的柔情，
这里有珞巴青年的豪迈，
啊……
欢迎你呀，呀拉索，
欢迎你，扎西秀。
扎西秀，扎西秀。

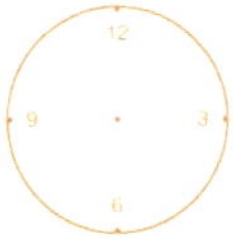
12
9
3
6

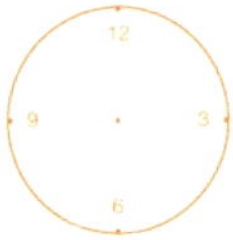
12
9
3
6

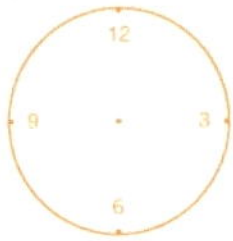
12
9
3
6

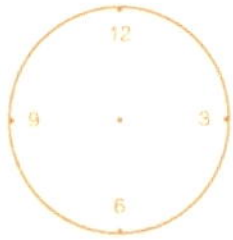
12
9
3
6

美丽的察隅河畔

（察隅县僜人）

我们的家乡美丽的察隅河畔，
金色的阳光照得家乡更迷人，
我们是勤劳的僜人，
跳起那欢乐的舞，
唱起那动听的歌。

湖头息业湖 （索朗 摄）

小贴士

见面礼仪

林芝藏族人在相互见面时通常以点头、吐舌（如今已无多少人行此礼）等形式表示问候，受礼者应微笑点头回礼。见到长者或尊敬的人，要脱帽，弯腰45度，帽子拿在手上，接近于地面；见到平辈，头稍稍低下即可，帽子可以拿在胸前，这时的鞠躬只表示一种礼节。

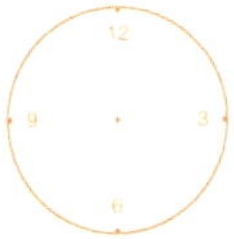
12
9
3
6

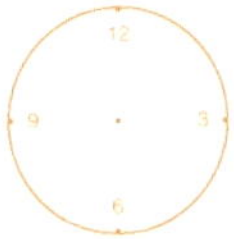
12
9
3
6

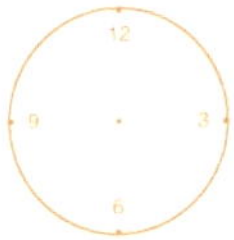
12
9
3
6

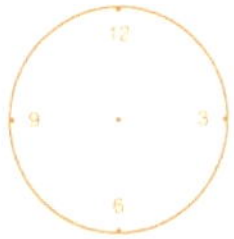
12
9
3
6

牦牛帐篷 （索朗 摄）

阿青坝上搭帐篷

（波密县）

阿青坝的坝头上，
搭个神龙欢喜帐，
帐房顶上把金镶。

阿青坝的坝中央，
搭个小伙欢喜帐，
帐房之腰虹图镶。

阿青坝的坝下方，
搭个母辈欢喜帐，
帐房边围银环镶。

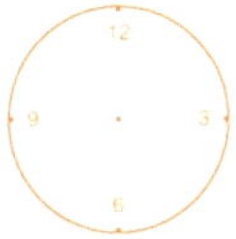
12
9
3
6

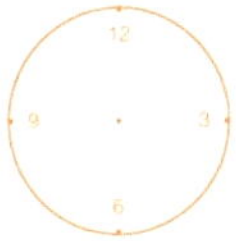
12
9
3
6

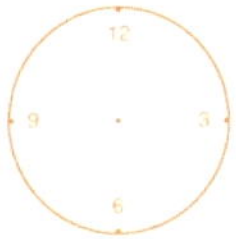
12
9
3
6

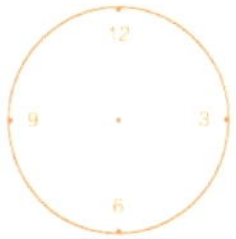
12
9
3
6

东方旭日

今日相聚阿牛然，
东方旭日临空间。
今日相聚阿牛然，
东方皎月临空间。
今日相聚阿牛然，
东方繁星临空间。
祝愿三光长明亮，
祝愿人间人常圆！

倾多寺僧人在学经 （普布多吉 摄）

12
9
3
6

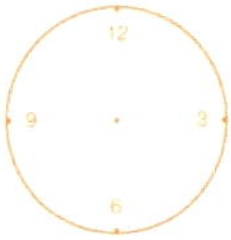
12
9
3
6

12
9
3
6

12
9
3
6

马术表演　（扎洛　摄）

献花歌

一树长有三个枝，三枝开出三朵花。
一花献给众神灵，祝福人生比仙乐；
二花献给山间岩，祝愿人命坚如岩；
三花献给地上水，祝愿人寿比水长。

12
9
3
6

12
9
3
6

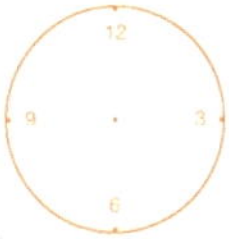
12
9
3
6

12
9
3
6

《林芝山水文化》（上、中、下卷）

本书比较全面而系统地反映了林芝山水文化的主要方面，充分体现出藏东南各族人民的艺术素养和审美智慧。林芝的山山水水，绝不是永恒不变的客观存在，而是鲜活灵动的生命和生命所依。

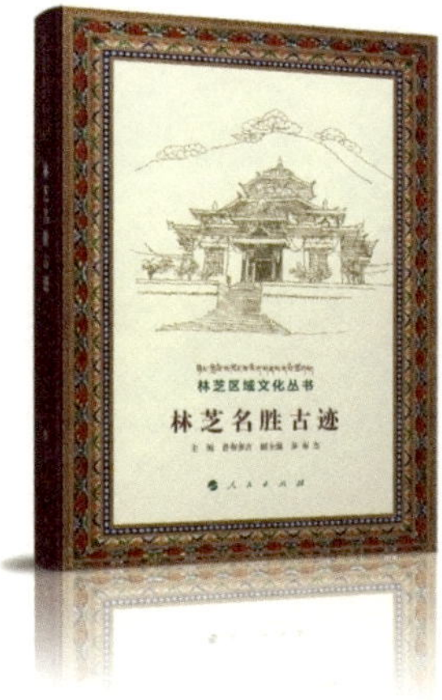

《林芝名胜古迹》

本书共收录了林芝市名胜古迹151个。存世的名胜古迹，蕴含着深厚的文化底蕴，是林芝经济社会发展，特别是旅游业发展不可或缺的文化要素。

《林芝地名历史文化释义》

本书以史料为依据，参考多种相关资料，多方请教有关专家学者，经过认真考证，从历史和文化角度，对包括山名、河流名、桥梁名等在内的3200余个林芝市地名的由来作了详尽介绍。

《林芝民俗文化》

本书从林芝藏族、门巴族、珞巴族和僜人的服饰文化、饮食文化、居住文化、出行文化、生产习俗、信仰文化、社交礼仪、婚俗文化、生育习俗、丧葬文化、节日文化、民间游戏与禁忌12个方面，介绍了林芝的民俗文化，尽显林芝浓厚的传统色彩和独特的民族风情。

冬章 阳光

Winter.

察隅乃钦岗热神山背面　（普布多吉　摄）

幸福歌

雪山泉水清又清，喝口清水亮歌声。
山歌唱给亲人听，亲人长寿万年青。
青山树木披绿装，一年四季如春常。
人们心爽身又壮，幸福歌声传四方。

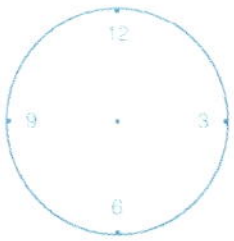
12
9
3
6

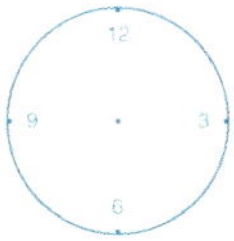
12
9
3
6

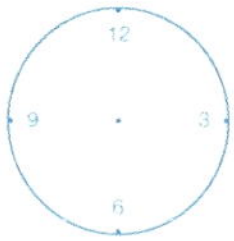
12
9
3
6

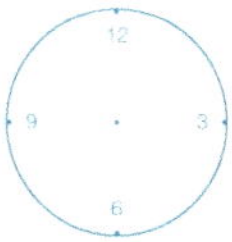
12
9
3
6

小贴士

饮食禁忌

藏族人忌吃马、驴、骡等圆蹄类牲畜和猫、狗、狼、虎、乌鸦、猫头鹰、鹫鹰等飞禽走兽的肉；忌讳跨越和踩踏别人置放的衣帽和家中的灶台、炊具、食物等；忌讳往火灶里吐痰、烧骨头、皮毛；一般不吃鱼。

在波密过新年 （普布多吉 摄）

美丽的村庄

东村富庶景色好，
西寨美丽又富饶，
村中小伙欢欣聚着跳舞蹈。

东村富庶景色好，
西寨美丽又富饶，
村中姑娘幸福唱起山歌妙。

东村富庶景色好，
西寨美丽又富饶，
祝愿村中伟大父母永不老！

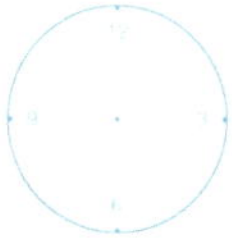

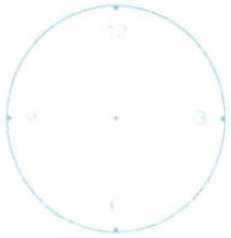

冬季的南迦巴瓦峰（普布多吉　摄）

日　光

太阳初升照雪山，
雪山犹如金佛面；
中午太阳照草原，
草原鲜花笑开颜；
下午太阳照湖水，
犹如神水供佛前。

12
9
3
6

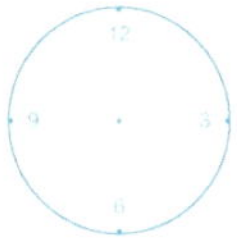
12
9
3
6

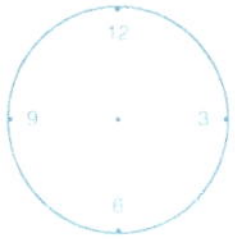
12
9
3
6

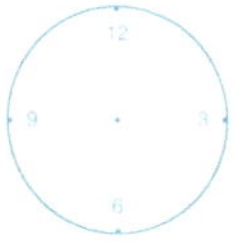
12
9
3
6

玛尔崩寺的神舞

（普布多吉　摄）

热巴祈愿颂词

（波密县）

呀！

今日天空吉星高照，

今日大地适逢黄道，

今日丰收有好预兆。

大家欢聚团圆日；

父母子女团圆日；

释迦佛法昌盛日；

众生摆脱苦难日。

佛法昌盛吉祥如意！

央玛尼悟扎曲悟扎！

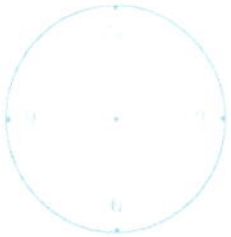

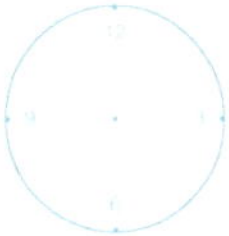

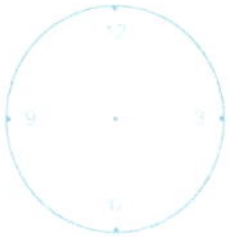

寒冬时的嘎隆拉天池　（墨脱县政协　提供）

洗氆氇之歌

（波密县）

兹棱棱棱，
棱果果果。
白财绵羊卷毛；
兹棱棱棱，
棱果果果，
寿材山羊绒毛；
兹棱棱棱，
棱果果果，
好比黄色野牛皮。

12
9
3
6

12
9
3
6

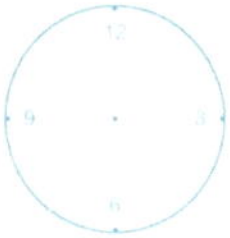
12
9
3
6

12
9
3
6

连环式的湖泊

（朗县）

请看连环式湖泊，百头奶牛饮甘泉；
灵湖美丽又如意，黑头人类奉神仙。
请看雅卓美玉湖，百财千羔饮甘露；
灵湖美丽又如意，黑头人类作方舟。

冬季的墨脱峡谷　（普布多吉　摄）

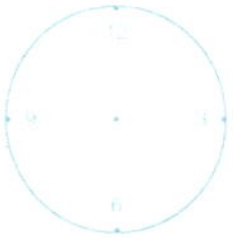
12
9
3
6

12
9
3
6

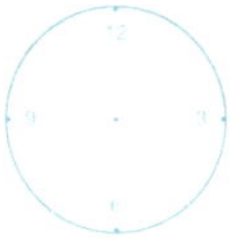
12
9
3
6

12
9
3
6

小贴士

哈达

献哈达是人们日常交往中常见的表达敬意的一种礼仪，常在迎候贵宾、朝觐佛像、建房立柱、拜会尊长、迎亲送友、婚丧嫁娶、乔迁之喜、馈赠礼物时使用。过去，哈达一般是用丝绸织成的，最常见的为白色哈达，象征纯洁、吉祥。

青稞酒香多甜蜜

（工布江达县、米林县、巴宜区）

青稞美酒甜又香，
铜勺挥动放光芒；
纯洁金子人心善，
愿无疾病颂吉祥。
我们这群好伙伴，
好比初生白鸡蛋；
怀揣纯洁归故里，
情如鸡蛋白永年。

祭祀神山活动　（普布多吉　摄）

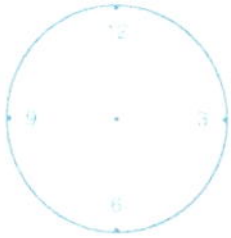
12
9
3
6

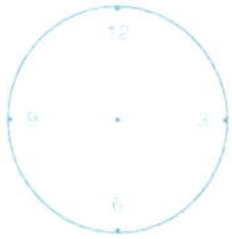
12
9
3
6

12
9
3
6

12
9
3
6

贴 票 处

贴 票 处

鲁朗扎西岗古村落部分民宅（庞健　摄）

工布山与坝

（察隅县）

世间至美工布山，
工布山上装饰三：
白雪皑皑山头舞，
檀香林带扎腰间，
脚下江河水清浅。
装点工布至美山。

世间至美工布原，
工布草原装饰三：
上原绵羊白云落，
中部牦牛黑衣穿，
下原神骏马撒欢。
装点工布至美原。

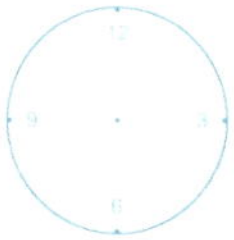
12
9
3
6

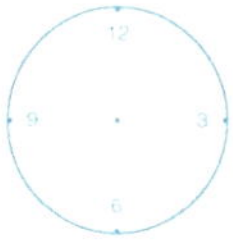
12
9
3
6

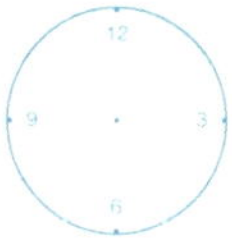
12
9
3
6

12
9
3
6

小贴士

待客礼俗

藏族有对客人敬酥油茶和青稞酒的礼俗，客人到家里做客，主人要敬三杯青稞酒，不管客人会不会喝酒，都要用无名指蘸酒弹三下，并喝三下、添三下，保持杯中酒满，最后一口喝完，称为“三口一杯”。如果客人不喝、不弹，主人会立即端起酒边唱边跳，前来劝酒。

忙于工布新年的准备 （普布多吉 摄）

三三相聚

（波密县）

蔚蓝天空其上，
相聚三个光明：
一位旭日东升，
一位黑夜明镜，
一位昴宿六星。

四方小庙里面，
传来三种声音：
一是喇嘛诵经声，
二是摇动银手铃，
三是檀木摇鼓鸣。

草坝舞场上面，
相聚三个快乐：
一是快乐舞场，
二是快乐舞姿，
三是快乐舞蹈。

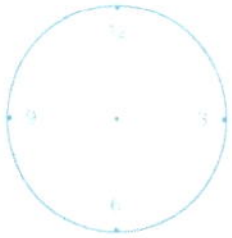
12
9
3
6

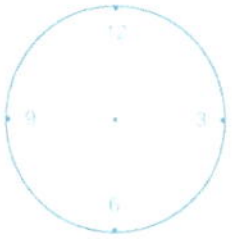
12
9
3
6

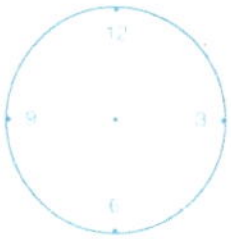
12
9
3
6

12
9
3
6

钦拉天措神山的冰湖 （朗县旅游局 提供）

上游若是无雪山

（波密县）

上游若是无雪山，
下游哪有玉色湖；
如若没有玉色湖，
哪有所长柳林树；
如若没有柳林树，
哪有杜鹃飞落聚；
如若杜鹃不飞临，
冬夏时节如何分。

12
9
3
6

12
9
3
6

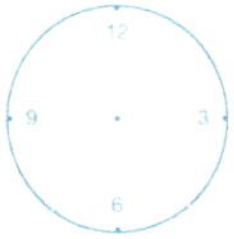
12
9
3
6

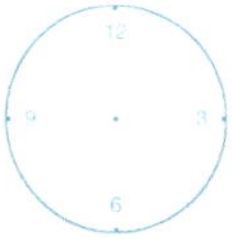
12
9
3
6

察瓦龙群众过新年 （普布多吉 摄）

摇转酥油歌

（朗县）

括若……括若……
油从右摇转转百次，
油从左摇转转千次，
累百上千转万次，
累千上万吉祥到。
括若……括若……

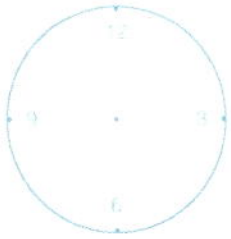
12
9
3
6

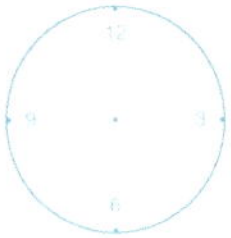
12
9
3
6

12
9
3
6

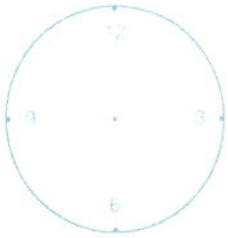
12
9
3
6

阿沛管家庄园楼内构造 （扎洛 摄）

放牧歌

（波密县）

八瓣莲花草原地，水草丰美羊快去；
八瓣莲花草原地，水草丰美牛快去。
我持蜂眼石子带，赶着牦牛转场去；
我持花色石子带，赶着羊儿回圈去。

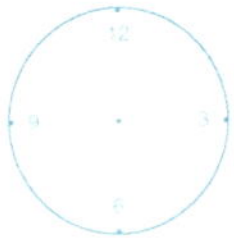
12
9
3
6

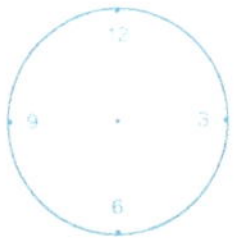
12
9
3
6

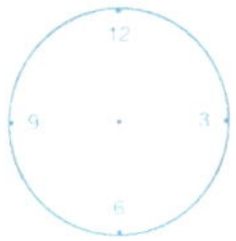
12
9
3
6

12
9
3
6

尼池拉康　（海茵　摄）

去观赏

（工布江达县、米林县、巴宜区）

圣地拉萨去朝庙，
吉祥圣母坐姿好。
坐呀坐姿好！

达拉冈布去朝庙，
月亮少女坐姿好。
坐呀坐姿好！

布久圣地去朝庙，
如来佛祖坐姿好。
坐呀坐姿好！

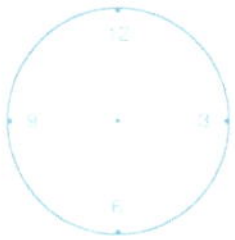

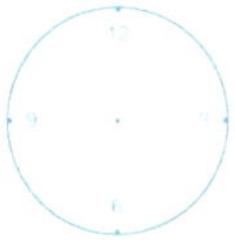

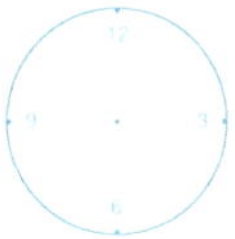

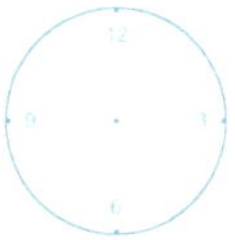

墨脱藤条网状桥（普布多吉 摄）

祥 云

（工布江达县）

金刚岩山长有神柏树，
用神柏树叶煨桑香烟，
蔚蓝天空桑烟祥云绕，
白色祥云变成祥乌云，
吉祥乌云变成祥雨水。
肥沃农田丰收禾苗壮，
丰收禾苗变成绿青稞，
绿色青稞变成香甜酒，
香甜酒水变成悦耳歌，
悦耳歌声变成动人舞。

12
9
3
6

12
9
3
6

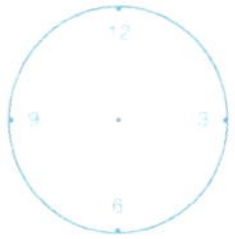
12
9
3
6

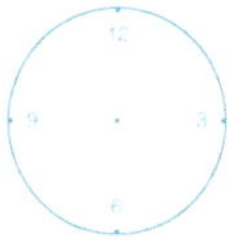
12
9
3
6

贴 票 处

贴 票 处

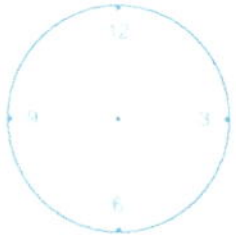
12
9
3
6

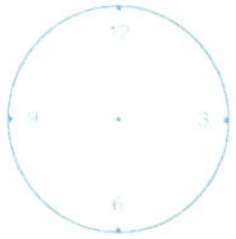
12
9
3
6

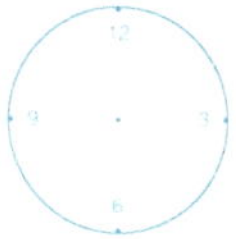
12
9
3
6

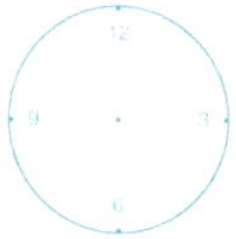
12
9
3
6

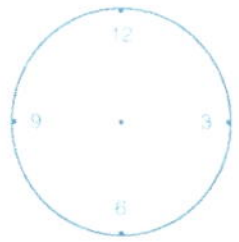
12
9
3
6

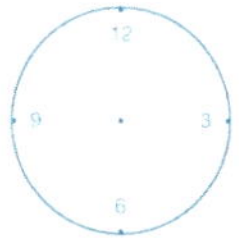
12
9
3
6

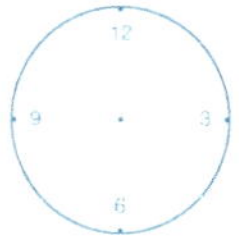
12
9
3
6

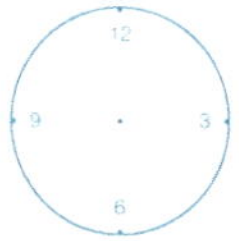
12
9
3
6

出　　品:图典分社
策划编辑:侯俊智
责任编辑:刘　佳
美术编辑:肖　辉
编辑助理:李鸿香
装帧设计:石笑梦　胡欣欣
责任校对:吴容华
责任印制:孙亚澎

图书在版编目(CIP)数据

林芝的诱惑:旅行手账/普布多吉 编. —北京:东方出版社, 2018.11
ISBN 978-7-5207-0618-6

Ⅰ.①林…　Ⅱ.①普…　Ⅲ.①旅游指南-林芝地区
Ⅳ.①K928.975.2

中国版本图书馆 CIP 数据核字(2018)第 230807 号

林芝的诱惑
LINZHI DE YOUHUO
——旅行手账

普布多吉　编

東方出版社 出版发行
(100706　北京市东城区隆福寺街 99 号)

北京文昌阁彩色印刷有限责任公司印刷　新华书店经销

2018 年 11 月第 1 版　2018 年 11 月北京第 1 次印刷
开本:880 毫米×1230 毫米 1/32　印张:9　插图:56　字数:7 千字

ISBN 978-7-5207-0618-6　定价:42.00 元

邮购地址 100706　北京市东城区隆福寺街 99 号
人民东方图书销售中心　电话 (010)65250042　65289539